BEI GRIN MACHT SICH IHR WISSEN BEZAHLT

Preismanagement, strategische Analysemethoden und Corporate Identity. Grundlagen des strategischen Marketings

Bibliografische Information der Deutschen Nationalbibliothek:

Die Deutsche Nationalbibliothek verzeichnet diese Publikation in der Deutschen Nationalbibliografie; detaillierte bibliografische Daten sind im Internet über http://dnb.d-nb.de abrufbar.

ISBN: 9783346349613
Dieses Buch ist auch als E-Book erhältlich.

Druck und Bindung: Books on Demand GmbH, Norderstedt Germany
Gedruckt auf säurefreiem Papier aus verantwortungsvollen Quellen

Das vorliegende Werk wurde sorgfältig erarbeitet. Dennoch übernehmen Autoren und Verlag für die Richtigkeit von Angaben, Hinweisen, Links und Ratschlägen sowie eventuelle Druckfehler keine Haftung.

Das Buch bei GRIN: https://www.grin.com/document/989670

Deutsche Hochschule für
Prävention und Gesundheitsmanagement
Hermann Neuberger Sportschule 3
66123 Saarbrücken

Einsendeaufgabe

Fachmodul: Marketing II

Studiengang: B. A. Fitnessökonomie

Hausarbeit / Gruppenarbeit

„Marketing II - Strategisches Marketing"

Deutsche Hochschule

für Prävention und Gesundheitsmanagement

Note: 0,5 - Sehr gut

Inhaltsverzeichnis

4 DIGITALISIERUNG IN DER FITNESS- UND GESUNDHEITSBRANCHE 19

5   LITERATURVERZEICHNIS

6   ABBILDUNGS- UND TABELLENVERZEICHNIS

1 Preismanagement und Kooperationen

1.1 Preiselastizität der Nachfrage (ε)

1.1.1 Analyse der Preiselastizität der Nachfrage (ε)

$$(\varepsilon) = \frac{\ddot{A}nderung\ der\ Menge\ in\ \%}{\ddot{A}nderung\ des\ Preises\ in\ \%} = \frac{(1-2.700/2.400)\times 100}{(45,90\ \text{€}/40,90\ \text{€}-1)\times 100} \approx \frac{-12,5\ \%}{12,22\ \%} \approx -1,02 > |1|$$

$(\varepsilon) \approx -1.02 > |1|$ → Die Nachfrage ist elastisch.

1.1.2 Implikationen für eine eventuelle Preiserhöhung

Die Nachfragesituation bestimmt die Preisobergrenze einer Dienstleistung (Kotler, Armstrong, Saunders & Wong, 2007, S. 777; zitiert nach Schlaffke & Plünnecke, 2017, S. 158). Die Preiselastizität der Nachfrage (ε) zeigt das Verhältnis von Angebot und Nachfrage unter Berücksichtigung von Menge und Preis bei der Preisbildung durch Marktverhältnisse (Weis, 2012, S. 374; zitiert nach Schlaffke & Plünnecke, 2017, S. 159). Die Nachfragemenge fällt mit steigendem Preis (Mankiw, 2004, S. 70; zitiert nach Schlaffke & Plünnecke, 2015, S. 45) und ist demzufolge negativ vom Preis abhängig (Pindyck & Rubinfeld, 2005, S. 51; zitiert nach Schlaffke & Plünnecke, 2015, S. 45). Paschke erweitert die Nachfragefunktion (2004, S. 20; zitiert nach Schlaffke & Plünnecke, 2015, S. 46) um die Einflussfaktoren: Einkommen und Präferenzen der nachfragenden Marktteilnehmer, Leistungsqualität, Preise für Substitutions- und Komplementärgüter und Netzeffekte. Die Preissensibilität und die Nachfragereaktion auf unterschiedliche Preise werden auch von der Produktalleinstellung, der Kenntnis von Substitutionsprodukten, der Produktvergleichbarkeit, der Ausgabengröße, der Kostenteilung, der Produktlagerbarkeit, dem Folgekosteneffekt und dem Qualitätseffekt beeinflusst (Kotler & Bliemel, 2006, S. 825; zitiert nach Schlaffke & Plünnecke, 2017, S. 161-162). Die elastische Nachfrage (ε > |1|) zeigt, dass die relative Änderung der nachgefragten Menge (Dunker, 2006, S. 44; zitiert nach Schlaffe & Plünnecke, 2017, S. 162) erfolgsrelevanter ist als das bei der Preis- bzw. Gewinnspannenerhöhung nutzbare Abschöpfungspotenzial. Die Preiselastizität der Nachfrage (ε) impliziert keine Preiserhöhung. Der Wert ((ε) ≈ -1.02) liegt jedoch nur minimal über der Isoelastiziät (ε = |1|). Der Mehrertrag pro Mitgliedschaft überkompensiert die Verluste durch den Rückgang der nachgefragten Stückzahl nicht. Die Elastizität impliziert einen niedrigen Preis zur Umsatzerhaltung bzw. -steigerung, wenn die Kosten für das zusätzliche Produktions- und Verkaufsvolumen nicht überproportional steigen (Kotler & Bliemel, 2006, S. 826-827).

1.2 Preisbildung

1.2.1 Anlässe der Preisbildung

1.2.1.1 Anlass der X&Y Health GmbH zur Preisbildung

Bei der Wachstumsstrategie der X&Y GmbH durch Etablierung von weiteren Anlagen auf dem deutschen Fitness- und Gesundheitsmarkt gibt die antizipierte Markterschließung, als Eintritt in einen neuen Regionalmarkt mit vorhandenen Produkten, Anlass zur erstmaligen Festlegung eines Preises. Die Veränderung des Marktvolumens, als Steigerung der Gesamtnachfrage auf dem deutschen Fitnessmarkt, interne Kostenveränderungen, Konkurrenzreaktionen, Veränderungen des Absatzvolumens, Produktlebenszyklusstellung, Auslastung, und Produktmodifikationen (Produktinnovationen, -variationen und –differenzierungen) können Anlass zur Preisänderung sein (Meffert, Burmann & Kirchgeorg, 2015, S. 487-488; zitiert nach Schlaffke & Plünnecke, 2017, S. 153-154).

1.2.1.2 Produkt- und Leistungsstrategie nach der Ansoff-Matrix

Als Produkt- und Leistungsstrategie empfiehlt sich für die bestehende Dienstleistung, bei Bearbeitung neuer geografischer Märkte (Kotler & Bliemel, 2006, S. 146; Weis, 2012, S. 160; zitiert nach Schlaffke & Plünnecke, 2017, S. 49) nach der Produkt-Markt-Matrix nach Ansoff (modifiziert nach Meffert, Burmann & Kirchgeorg, 2015, S. 254; Weis, 2012, S. 160; zitiert nach Schlaffke & Plünnecke, 2017, S. 48), die Basisstrategie „Marktentwicklung". Bei dieser Basisstrategie können auch neue Marktsegmente oder Abnehmergruppen erschlossen oder neue Distributionskanäle genutzt werden (Kotler & Bliemel, 2006, S. 146; Weis, 2012, S. 160, zitiert nach Schlaffke & Plünnecke, 2017, S. 48). Bei differenzierter Betrachtung der strategischen Geschäftseinheit „Bestandsmarkt" kann für diese auch die Basisstrategie „Marktdurchdringung" (Marktbesetzung und Marktverdrändung) durch Vergrößerung des Marktanteils und eine Ausweitung des Marktvolumens (Nieschlag, Dichtl & Hörschgen, 2002, S. 900, zitiert nach Schlaffke & Plünnecke, 2017, S. 48) gewählt werden. Als Vorgehensweisen dieser Produkt- und Leistungsstrategie bieten sich nach Weis (2012, S. 160; zitiert nach Schlaffke & Plünnecke, 2017, S. 49) die Steigerung der Verwendung bei bisherigen Abnehmern, die Erschließung neuer Verwendungsmöglichkeiten, die Gewinnung von bisherigen Nicht-Verwendern (mit gleichen Merkmalen wie die aktuellen Kunden), die Gewinnung von Kunden der Konkurrenz, die Intensivierung des persönlichen Verkaufes, die Verstärkung der Werbung, der Kommunikation und der Verkaufsförderung, die Verbesserung des Kundendienstes und Preissenkungen an.

1.2.2 Kostenorientierte Preisbildung

Das einfachste Kalkulationsverfahren auf Vollkostenbasis stellt die summarische Zuschlagskalkulation dar, im Handel auch Divisionskalkulation genannt. Hier geht man von der Annahme aus, daß [dass] die Kostenträger Gemeinkosten jeweils proportional zur Höhe der ihnen zurechenbaren Einzelkosten bedingen. Dazu setzt man die gesamten Gemeinkosten zu der Summe der Einzelkosten der Kostenträger in Beziehung und berechnet auf diese Weise den Gemeinkostenzuschlag [Handlungskostenzuschlag]. ... Anzumerken ist dazu, daß [dass] hier der Einstandspreis (Einstandskosten) als Einzelkosten, während die übrigen Handlungskosten ... vereinfachend als Gemeinkosten betrachtet werden. Nachdem ein für alle Artikel einheitlicher Handlungskostenaufschlag ... errechnet wird, ergibt sich kalkülbedingt eine dem Anteil an den Wareneinstandskosten proportionale Belastung der Artikel durch die Gemeinkosten. (Nieschlag, Dichtl & Hörschgen, 2002, S. 815)

Bei der Vollkostenrechnung erfolgt die Kostenzurechnung über das Durchschnitts- oder das Tragfähigkeitsprinzip (Fandel et al., 2004, S. 236), wobei Verzerrungen des Kostenausweises in Kauf genommen werden müssen (Buchholz & Gerhards, 2005, S. 147). In der Wirtschaftslehre des Handels sind die Handlungskosten entweder dem einzelnen Kostenträger unmittelbar zurechenbar (direkte Kostenzurechnung) und werden dann als Einzelkosten, direkte Kosten, unmittelbare Kosten oder besondere Handlungskosten bezeichnet, oder sie werden im Ganzen ermittelt und anteilsmäßig berechnet. Die durch indirekte Kostenzurechnung ermittelten Kosten werden als Gemeinkosten, indirekte Kosten, mittelbare Kosten oder allgemeine Handlungskosten bezeichnet. Die allgemeinen Handlungskosten werden als Gesamtbetrag erfasst und durch Schlüsselung auf den Kostenträger bezogen (Seyffert, 1972, S. 589).

1.2.2.1 Bestimmung des Handlungskostenzuschlages (HKZ in %)

Tab. 1: Bestimmung des Handlungskostenzuschlages (HKZ in %) bzw. Gemeinkostenzuschlages (in Anlehnung an Nieschlag, Dichtl & Hörschgen, 2002, S. 815-817)

= ∑Handlungskosten (∑Gemeinkosten oder ∑Fixkosten)	650.000 €
/ ∑Wareneinsatzkosten / 100 (∑Einzelkosten oder ∑variable Kosten)	$2.856€ = \dfrac{285.600€}{100} = \dfrac{8,50€ \times 12 \times 2.800}{100}$
= Handlungskostenzuschlag (HKZ in %)	227,59 %

1.2.2.2 Summarisches Zuschlagskalkulationsschema der Handelskalkulation

Tab. 2: Summarisches Zuschlagskalkulationsschema der Handelskalkulation (Divisionskalkulation) auf Vollkostenbasis (Vorwärtskalkulation) (in Anlehnung an Nieschlag, Dichtl & Hörschgen, 2002, S. 816)

Schritte der Handelskalkulation	prozentual	absolut
= Einstandspreis (Bezugspreis oder variable Kosten)		8,50 €
+ Handlungskosten (Gemeinkosten oder Fixkosten)	227,59 %	19,35 €
= Selbstkosten		27,85 €
+ Gewinnzuschlag	15 %	4,18 €
= Barverkaufspreis		32,03 €
+ Kundenskonto	0 %	0,00 €
+ Vertreterprovision	0 %	0,00 €
= Zielverkaufspreis		32,03 €
+ Kundenrabatt	0 %	0,00 €
= Listenverkaufspreis (netto)		32,03 €
+ Umsatzsteuer	19 %	6,09 €
= Listenverkaufspreis (brutto)		38,12 €

1.2.3 Konkurrenzorientierte Preisbildung

Unabhängig von der unternehmensindividuellen Kosten- oder Nachfragesituation richtet sich bei der konkurrenzorientierten Preisbildung die Preisspanne (geplant: 34,95€-39,95€) durch Orientierung an Marktpreisen nach dem Preis (29,95€) der Konkurrenz (Weis, 2012, S. 388; zitiert nach Schlaffke & Plünnecke, 2017, S. 170).

1.2.3.1 Preisbildung durch Orientierung am Branchenpreis

Orientiert man sich im Rahmen der Preisbestimmung am Branchenpreis kann die Preisvorstellung mit dem durchschnittlichen Mitliedsbeitrag für eine 12-monatige Standardmitgliedschaft auf dem deutschen Fitnessmarkt verglichen werden. Diese Mitgliedschaft wurde im Jahr 2016 bei folgender Preisstruktur angeboten (DSSV, 2016, S. 38):

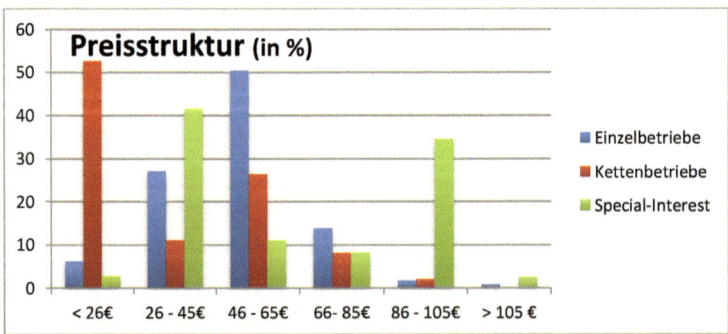

Abb. 1: Preisstruktur einer 12-monatigen Standardmitgliedschaft auf dem gesamtdeutschen Fitnessmarkt (modifiziert nach DSSV, 2016, S. 38)

Die Preisvorstellung (34,95€-39,95€) entspricht dem Durchschnittspreis (35,23€ brutto) einer Standardmitgliedschaft in einem Kettenbetrieb (DSSV, 2016, S. 9). Im betroffenen gehobenen Discountsegment (26-45€) konkurrieren 11,0% der Kettenbetriebe, 27,1 % der Einzelbetriebe und 41,5% der Special-Interest-Anlagen. Kettenbetriebe sind weiterhin zu 52,5% in der untersten Preiskategorie (< 26€), deren Wachstum langsam stagniert, am häufigsten vertreten. Im mittleren Preissegment (46-65€) positioniert, ist die Hälfte (50,4%) der Einzelbetriebe, ein Viertel (26,4%) der Kettenbetriebe und 10,9% der Special-Interest-Anlagen. Die teureren Einzelbetriebe verlangen durchschnittlich 52,55€ für eine Standardmitgliegschaft (DSSV, 2016, S. 9). Impliziert ist der Ansatz der konkurrenzorientierten Preisbildung über den Branchenpreis bei Homogenität der Güter bzw. Dienstleistungen und starkem Wettbewerb (Dunker, 2006, S. 58).

1.2.3.2 Preisbildung durch Orientierung am Preisführer

Orientiert man sich im Rahmen der Preisbestimmung am Preisführer, sollten die Preise des Kettenbetriebes „X&Y Health GmbH" den Preisen der großen Anbieter auf dem Fitness- und Gesundheitsmarkt folgen und diese womöglich mit einem Preisabstand unterbieten. Impliziert ist der Ansatz der konkurrenzorientierten Preisbildung durch Orientierung am Preisführer, wenn Ressourcen zur Nachfrageelastizitätsbestimmung fehlen oder in oligopolistischen Märkten. Die Annahme, dass ein Anbieter der Preissetzung der Marktführer folgen kann, da diese über die notwendigen Branchenkenntnisse verfügen und damit optimale Preise bestimmen (Kotler, Armstrong, Saunders & Wong, 2007, S. 792), sollte allerdings kritisch hinterfragt werden. Die Marktführer auf dem polypolistischen Fitnessmarkt McFit, Clever Fit, Fitness First, Kieser Training, Injoy, Easyfitness, Mrs. Sporty, FitX, Pfitzenmeier Gruppe und Fitness King (Edelhelfer, 2015) sind den unterschiedlichsten Preissegmenten vom untersten Preissegment bis zum Premiumsegment zuzuordnen und die Preisstruktur des gesamtdeutschen Fitnessmarktes ist so vielfältig, dass kein einheitlicher Preis zur Orientierung an einer „Branchenkompetenz" genutzt werden kann. Genauso wenig wird es der „X&Y Health GmbH" möglich sein, mit denselben Kostenstrukturen, Kostenregressionseffekten, Synergieeffekten und Erfahrungskurveneffekten erfolgreich zu sein, wie die großen Discountanbieter. Als Reaktion auf die neue Konkurrenzsituation im Marktgebiet empfiehlt sich eher eine Differenzierungsstrategie über einen höheren Produktnutzen und höhere Dienstleistungsqualität. Im Rahmen einer defensiven Marktstategie könnte der Markteintritt erschwert werden. Weis (2012, S. 163) empfiehlt hierbei die Optionen: Qualität halten bzw. verbessern, Kundenzufriedenheit und Kundenservice erhöhen und Kunden halten.

2 Strategische Analysemethoden

2.1 Five Forces-Modell nach Porter

Tab. 3: Branchenstruktur- bzw. Situationsanalyse der fünf Wettbewerbskräfte (Bea & Haas, 2013, S. 99) im Onlinefitnessmarkt mit Einfluss auf Freeletics nach dem Five Forces-Modell nach Porter (2000, S. 29)

Wettbe-werbskraft	Aspekt der Wettbewerbs-kraft	Erläuterung
Lieferanten-macht	Bedeutung des Auftrags-volumens für Lieferanten (Porter, 2000, S. 32)	Das selbstfinanzierte Startup „Freeletics" konkurriert im Online-Fitnessgeschäft mit „big spendern" wie der 7Next GmbH (Beteiligung der ProSiebenSat.1 Digital & Adjacent GmbH) und den Sportartikelherstellern Under Armour (Endomondo und MyFitnessPal) und Adidas (Schramm, P., 2016). Die variablen Kosten von einmal implementierten Online-Fitnessprogrammen entstehen vor allem im Marketing für Provisionen, für Affiliate Marketing und die Vermarktungsplattformen iTunes und Google Play (Schramm, P., 2016). Das Marketing-Spend-Volumen des KMU „Freeletics" kann, verglichen mit dem Investitionsvolumen von 560 Mio. Euro des Markttreibers „Under Armour", als deutlich unbedeutender angenommen werden. Dennoch kann das Tochterunternehmen „Freeletics Apparel" Sportkleidung aus „extrem hochwertigen Materialien unterhalb des üblichen Marktpreises" (Sobhani, D. Geschäftsführer; zitiert nach Scherkamp, H., 2016) über die Dachmarke „Freeletics" anbieten und scheint seine Konkurrenzfähigkeit durch Preissenkung und Einkaufsoptimierung wieder hergestellt zu haben.
Bedrohung durch Markt-eintritt potenzieller Mitbewerber	Economies of Scale (Fixkosten-degressions-effekt) (Porter, 2000, S. 32)	Die Bedrohung durch neue Anbieter ist aufgrund niedriger Markteintrittsbarrieren, niedriger Investitionsvolumen, niedriger Betriebs- und Grenzkosten im Vergleich zu konventionellen (lokalen) Fitnessangeboten groß. Finanzkräftige Fitnessanbieter können Skaleneffekte (Kostennachteile durch geringes Absatzvolumen) schnell durch Mergers & Acquisitions überwinden, wie die Übernahmen der Fitness-Tracker-Apps „Endomondo" mit 40 Mio. registrierten Nutzern, „MyFitnessPal" mit 80 Mio. registrierten Nutzern im Jahr 2015 durch Under Armour (Schramm, P., 2016) oder „NewMoove" mit 100.000 registrierten Mitgliedern im Jahr 2014 durch Fitness First (Fitness First Germany GmbH [FF], 2017) zeigen.
Abnehmer-stärke	Abnehmer-volumen (Porter, 2000, S. 32)	Die 16 Millionen Nutzer weltweit in 160 Ländern (Drack, K., 2017) kaufen die Leistungen von „Freeletics" alle einzeln ein und haben damit deutlich weniger Verhandlungsstärke durch ein maximal geringes Abnehmervolumen bzw. eine maximal geringe Abnehmerkonzentration als bei Fitnessanbietern wie Fitness First, wo rund ein Drittel der Kunden zu Firmenkonditionen trainiert (FF, 2014).
Ersatz-produkte/ Substitu-tionsgefahr	Umstellkosten (Porter, 2000, S. 32)	Online-Fitnessprogramme haben, im Vergleich zu konventionellen Mitgliedschaften mit einer Laufzeit von drei bis vier Monaten (OnlineFitness, 2017; Schramm, P., 2016) (15 Wochen bei Freeletics) (Jung, M., 2015), eine deutlich geringere vertragliche Bindung und somit geringere Umstellungskosten für die Abnehmer.
Rivalität	Branchen-wachstum (Porter, 2000, S. 32)	Der Umsatz der deutschen Fitnessbranche erhöhte sich im Jahr 2016 um 4,5 % auf 5,05 Mrd. € (24% Wachstum in 5 Jahren). Die Mitgliederzahlen sind 2016 um 6,6 % auf 10,08 Mio. Mitglieder gestiegen (DSSV, 2017). DSSV, Deloitte und DHfPG (2017, S.1) sind zuversichtlich, dass die Branche 2020 mehr als 12 Mio. Mitglieder zählen wird. Im Online-Segment mit 563.000 zahlenden Nutzern mit 194.000 aktiven, zahlenden Nutzern im Jahr 2016 (Deloitte, 2017) erwartet der Deloitte-Unternehmensberater K. Hollasch (zitiert nach Lange, A., 2014) einen Verdrängungswettbewerb bei dem sich ein oder zwei Anbieter durchsetzen.

2.2 Durchführung einer SWOT-Analyse

2.2.1 Ressourcenanalyse für Freeletics

Tab. 4: Ressourcenanalyse für Freeletics anhand von erfolgsentscheidenden Schlüsselfaktoren

Stärken
Umsatz (Inventool, 2014, S. 4-5) als **Schlüsselfaktor** (Kotler, Armstrong, Wong & Saunders, 2011, S. 101):
1. Freeletics Bodyweight liegt im November 2017 im Ranking der erfolgreichsten Gesundheits- und Fitness-Apps im Google Play Store mit einem Umsatz von 46.000 US$ in Deutschland auf dem ersten Platz (Statista, 2017; Prioridata, 2017). Im Geschäftsjahr 2015 ist der Umsatz von Freeletics GmbH um 300% auf 16 Mio € gestiegen (Krisch, J., 2016).
Marktposition als erfolgsentscheidender **Schlüsselfaktor** (Kotler, Armstrong, Wong & Saunders, 2011, S. 101):
2. Freeletics zählt mehr als 16 Mio. Free Athletes und wird in mehr als 160 Ländern angeboten (Drack, K., 2017). Täglich registrieren sich 12.000 neue Mitglieder (Schramm, P., 2016) und mit 55% hat Freeletics neben Runtastic mit 69% den zweithöhsten Bekanntheitsgrad im Online-Fitnessmarkt (Hackfort, G., 2015).
Finanzkraft als erfolgsentscheidender **Schlüsselfaktor** (Kotler, Armstrong, Wong & Saunders, 2011, S. 101):
3. Die Freeletics GmbH finanziert ihr organisches Wachstum bisher zu 100% selbst. „Ein absolutes Novum, angesichts der Success-Story und ansonsten enormen Seed Investments im Markt für digitale Innovationen" (Schramm, P., 2016).

Schwächen
Standort als erfolgsentscheidender **Schlüsselfaktor** (Kotler, Armstrong, Wong & Saunders, 2011, S. 101):
1. Nur ein Standort: Im Jahr 2016 reduzierte Freeletics seine Facilities auf das Büro in München (Scherkamp, H., 2016), obwohl die Wachstumsstrategie im neuen Online-Fitnessmarkt eine Internationalisierung (und Diversifikation) nach der Produkt-Markt-Matrix nach Ansoff (Meffert, Burmann & Kirchgeorg, 2015, S. 254; Weis, 2012, S. 160) impliziert und die Unternehmensstrategie die Bearbeitung neuer geografischer Märkte (Kotler & Bliemel, 2006, S. 146; Weis, 2012, S. 160) in Japan und der Türkei beinhaltet. Dieser Marktauftritt reduziert die nationale Marktakzeptanz und bietet geringere Möglichkeiten zur Adaptation an kulturelle Gegebenheiten und segmentspezifische „evoked sets".
Leistungsqualität & Garantie als **Schlüsselfaktoren** (Kotler, Armstrong, Wong & Saunders, 2011, S. 101):
2. Ein Kundennutzen ist aus trainingswissenschaftlicher Sicht nur für eine „junge, gesunde und fitte Zielgruppe" gegeben (Froböse, I., 2015; zitiert nach Jung, M., 2015). „Normale Menschen trainieren mit dem High Intensity Training von Freeletics an der Überlastungsgrenze" (Branke, M. Leiter Deutsche Fitnesslehrer Vereinigung, 2015; zitiert nach Jung, M., 2015). Zwischen dem Leistungsversprechen „Die Form deines Lebens. Garantiert." und den tatsächlich erbrachten Leistungen besteht somit eine Lücke (Nerdinger, Blickle & Schaper, 2011, S. 533; Pepels, 2005, S. 233).
Finanzkraft als erfolgsentscheidender **Schlüsselfaktor** (Kotler, Armstrong, Wong & Saunders, 2011, S. 101):
3. Freeletics hat noch keine Investoren. „In der Vergangenheit haben wir die Vorteile eines Investors nicht klar genug gesehen. Das ist aber keine prinzipielle politische Haltung bei uns" (Sobrani, D. Geschäftsführer, 2015; zitiert nach Scherkamp, H., 2016). Die Selbstfinanzierung bedeutet niedrigere Investitionsvolumen und einen niedrigen Leverage-Effekt, dabei sollten „Lerverage und Sicherheit in einem ausgewogenen Verhältnis stehen" (Preißler, 2008, S. 135).

2.2.2 Analyse der Unternehmensumwelt von Freeletics

Tab. 5: Analyse der Unternehmensumwelt (Chancen und Risiken) für Freeletics

Chancen
1. **Digitalisierungstrend & „Quantified-Self":** Digital Health und Online Fitness gelten als zwei der zukunftsträchtigsten und erfolgsversprechendsten Expansionsbereiche im Gesundheitsmarkt (Hackfort, G., 2015, S. 1). Durch die Nutzung neuer Technologien im Zusammenhang mit bekannten Trainingsmethoden entsteht ein neues Vermarkungspotenzial, woraus sich Fitness-Trends mit beachtlichen User-Gemeinden entwickeln (Hackfort, G., 2015, S. 1). Die Studie „Der deutsche Fitnessmarkt 2015" (Deloitte, DSSV & DHfPG, 2017) quantifizierte erstmalig das Marktvolumen für Fitnessinhalte per Smartphone, Tablet und Smart TV. Zum Jahresende 2014 zählten Online-Fitnessanbieter 358.000 registrierte Mitglieder, von denen rund 64.200 als aktive Nutzer für digitale Inhalte eine Monatgebühr zwischen 5-15€ bezahlten (Deloitte, 2017). Die Nutzung digitaler Fitness-Tools und –Applikationen steigt, bei sich stetig verbreiternder Zielgruppe. Auch Krankenkassen und Versicherungsunternehmen haben den Nutzen von digitalen Fitness-Angeboten und der Erfassung gesundheitsbezogener Daten mitlerweile erkannt (Hackfort, G., 2015, S. 3).

Tab. 5: Analyse der Unternehmensumwelt (Chancen und Risiken) für Freeletics

Chancen
2. Smarte Fitness & Virtual Reality: Geschätzte 1,7 Mio. Smartwatches und Fitness-Tracker haben die Deutschen im Jahr 2016 gekauft. Weltweit taxierten Analysten den Absatz auf 71,5 Mio. Geräte. Ganze 28% der Deutschen überwachen ihre Gesundheit bzw. Fitness bereits digital, 24% nutzen eine Lauf-App, 22% nutzen eine Fitness-App und 31% der Bevölkerung besitzen einen digitalen Fitness-Tracker (Statista Umfrage Aktivsport, 2016 zitiert nach Drack, K., 2017). Die Nachfrage nach digitalen Fitness-, Ernährungs- und Entspannungsangeboten nimmt zu und wird durch die Konnektivität mit Wearables und Fitness-Trackern noch attraktiver (Hackfort, G., 2015, S. 1-2).
3. Steigendes Bewusstsein für eine gesunde Lebensführung und einen aktiven Lebensstil: Mitlerweile ist es gesellschaftlicher Konsens, dass sportliche Betätigung ein elementarer Bestandteil der aktiven Gesundheitsvorsorge ist (Deloitte, 2017). Laut der europaweiten Fitnessstudie von Deloitte und EuropeActive „European Health & Fitness Market" hat der deutsche Fitnessmarkt, als größter Markt Europas, weiteres Wachstumspotenzial, was anhand der Penetrationsquote erkennbar ist. Während Märkte wie Norwegen (19,6%), Schweden (16,6%) und die Niederlande (16,0%) höhere Penetrationsquoten aufweisen, lag Deutschland mit 11,2% im Mittelfeld (Deloitte, 2017). DSSV, Deloitte und DHfPG (2017, S.1) sind zuversichtlich, dass die Fitnessbranche 2020 mehr als 12 Mio. Mitglieder zählen wird.
Risiken
1. Anhaltende Polarisierung der Preissegmente ist ersichtlich an der steigenden Anzahl von Discount- und Premiumanbietern (Deloitte, 2017). Der Erfolg von Discount-Anbietern wie McFit zwingt viele Unternehmen sich zwischen Discount und Premium zu positionieren (Greive, 2010). → „Die Mitte ist tödlich. Das mittlere Preissegment hat laut Deloitte-Studie seit 2005 stetig an Marktanteil verloren" (Köllen, B. McFit Pressesprecher; zitiert nach Greive, 2010).
2. Verdrängungswettbewerb bzw. Marktbereinigung & sinkende Wertschöpfung: Der Fitnessmarkt, besonders das Onlinesegment, ist von hoher Angebots- und Preisdynamik geprägt (Deloitte, 2017). Die Großanbieter gewinnen zunehmend Marktanteile (Deloitte, 2017). „Der Umsatz vieler Fitnessstudios sinkt trotz steigender Mitgliederzahlen. Die Wertschöpfung pro Kunde geht nach unten" (Kamberoic, R. DSSV-Geschäftsführer; zitiert nach Greive, 2010). Ähnlich könnte es auch Online-Anbietern ergehen. Aktuell geben Online-Abonnement-Nutzer ⌀ 7,70 € aus. Im Online-Segment mit 563.000 registrierten Nutzern und 194.000 aktiven, zahlenden Nutzern im Jahr 2016 (Deloitte, 2017) erwartet der Deloitte-Unternehmensberater K. Hollasch (zitiert nach Lange, A., 2014) einen Verdrängungswettbewerb bei dem sich ein oder zwei Anbieter durchsetzen. Die Mottos lauten „Suvival of the fittest" und „The winner takes it all".
3. Gefahr feindlicher Übernahme („Hostile Takeover") bei „Going Public": Zunehmend treten strategische Finanzinvestoren und „Copy Cats" (Runtastic Results App oder Madbarz) in den Markt ein (Schramm, P., 2016). Im Jahr 2016 wurden insgesamt 45 Mergers & Acquisitions im Bereich „Digital Health" durchgeführt (MobiHealthNews, 2016).

2.3 Erstellung einer SWOT-Matrix

Tab. 6: SWOT-Matrix mit Strategiekombinationen für die Freeletics GmbH (modifiziert nach Meffert, Burmann & Kirchgeorg, 2000, S. 68)

SWOT-Matrix		Externe Analyse	
		Chancen (Opportunities)	Risiken (Threats)
Interne	Stärken	SO-Strategien (Strategisches Fenster):	ST-Strategien (Neutralisierung):
Analyse	(Strengths)	1. Konsequentere Verfolgung der Basisstrategien nach der Produkt-Markt-Matrix nach Ansoff (Meffert, Burmann & Kirchgeorg, 2015, S. 254; Weis, 2012, S. 160): „Marktentwicklung" über echte Internationalisierung und Marktsegmentierung (Women Fitness) sowie „horizontale Diversifikation" mit den spezialisierten, neuen Applications „Freeletics Running", „Freeltics Nutrition" und „Freeletics Gym" (Schwerkamp, H., 2016).	1. Deutliche Positionierung als Premium-Anbieter unter Beibehaltung der „freemium"-Preisstrategie („Conversion"- bzw. Umsatzgenerierung über In-App-Käufe erst nach Trafficgenerierung) und Nutzung der Erfahrungswerte und Kenntnis des „evoked set" im Online-Fitness-Premiumsegment über einen verstärkten Einsatz von Content Marketing und Storytelling zur Steigerung der Bekanntheit (von 55%) bei Validierung und Einbezug von Celebrities („Beyoncé vs. Sophia Thiel").

Tab. 6: SWOT-Matrix mit Strategiekombinationen für die Freeletics GmbH (modifiziert nach Meffert, Burmann & Kirchgeorg, 2000, S. 68)

SWOT-Matrix		Externe Analyse	
		Chancen (Opportunities)	Risiken (Threats)
Interne Analyse	Stärken (Strengths)	SO-Strategien (Strategisches Fenster):	ST-Strategien (Neutralisierung):
		2. Ausbau der Kernkompetenz „Apps" der „Freeletics GmbH" als Stars (Kotler, Armstrong, Wong & Saunders, 2007, S. 104-105; Weis, 1999, S. 529-530) mit höheren Neuinvestitionen durch Aufnahme von Fremdkapital zur Wachstumsbeschleunigung, Nutzung des positiven Leverage-Effektes (Kralicek, Böhmdorfer & Kralicek, 2008) und Steigerung des Unternehmenswertes für Investoren bzw. der Bilanzsumme (Schuster, Rüdt von Collenberg, 2015, S. 3-7) im Kampf um die nachhaltige Marktführerschaft unter selektivem Ausbau der vorhandenen, attraktiven Stärken, Stärkung der anfälligen Bereiche und Stärkung der Fähigkeit zur Abwehr der Konkurrenz nach dem Marktattraktivitäts-Wettbewerbsvorteils-Portfolio von McKinsey (Kotler & Bliemel, 2006, S. 122).	2. „Vertikale Diversifikation" über Erweiterung von „Freeletics Gym" und „Freeletics Running" zur „hybriden Online-Offline-Solution" mit Vitaldaten-Monitoring durch Konnektivität mit Wearables, Smart Watches, Sensoren und Fitness-Trackern (Hackfort, G., 2015, S. 2-4) als weiterem Markteintritt (neben der strategischen Geschäftseinheit „Freeletics Apparel") in den Offline-Markt mit deutlich höherer Wertschöpfung pro Kunde bei durchschnittlichen Beiträgen von 47,12 € in Vergleich zu 7,70 € für digitale Angebote (Hackfort, G., 2015, S. 16) zur Vorbereitung attraktiver Kooperationen mit finanzkräftigen Offline-Anbietern oder zur Erhöhung der Fähigkeit zur Programmerweiterung ohne Kannibalisierungseffekte (z.B. „Add-on-Serivice") für einen Offline-big player (Mehrwert treibt Verkaufswert) wie bei Newmoove und Fitness First. Kooperationen zwischen Online- und Offline-Anbietern bieten Wachstumschancen (Hackfort, G., 2015, S. 5-6).
	Schwächen (Weaknesses)	WO-Strategien (Umwandlung):	WT-Strategien (Verteidigung):
		1. Segmentspezifische Marktbearbeitung durch selektive Spezialisierung (Kotler & Bliemel, 2006, S. 453) der „Freeletics Bodyweight App" auf eine „junge, gesunde und fitte Zielgruppe" (Froböse, I., 2015; zitiert nach Jung, M., 2015) in allen Unternehmensbereichen von Marketing, Vertrieb und Werbung abgestimmt auf das moderne Mediennutzungsverhalten dieser technikaffinen High-Involvement-Hauptzielgruppe.	1. Kompensation des, aus trainingswissenschaftlicher Sicht eingeschränkten Kundennutzens, durch kommunikationspolitisch konsequentes Betonen des „Community- und Gamification-Aspektes" als Unique Selling Proposion. Der Motivationsaspekt, durch Vergleich mit Anderen, motiviert die Hälfte der User und schafft eine Wettkampfatmosphäre in der sich die Community unterstützt und inspiriert, was App-Zugriffe und Traffic generiert (Hackfort, G., 2015, S. 19).
		2. Nutzung neuer Distributionskanäle (Kotler & Bliemel, 2006, S. 146; Weis, 2012, S. 160 zitiert nach Schlaffke & Plünnecke, 2017, S. 49) und Nutzung der Kostenregressionsvorteile fertig entwickelter Anwendungen im IT-Sektor durch E-Commerce und Multichannel-Vertieb zur Bearbeitung neuer geografischer Märkte (Japan und Türkei) im Rahmen einer Internationalisierungsstrategie nach der Produkt-Markt-Matrix nach Ansoff (Meffert, Burmann & Kirchgeorg, 2015, S. 254; Weis, 2012, S. 160).	2. . Nutzung der aktuellen Vorreiterstellung im Absatz im prognostizierten Verdrängungswettbewerb (Hollasch, K., 2014 zitiert nach Lange, A., 2014) durch fremdkapitalfinanziertes Wachstum zur Erhöhung der beitragsunabhängigen Einnahmequellen über eine Vergrößerung der User Community, eine Steigerung der aktiven Nutzung, zusätzliche Datenerfassung bzw. -generierung und des lediglich zweithöchsten Bekanntheitsgrades von 55%, im Vergleich zu 69% bei Runtastic (Hackfort, G., 2015) im Kampf um die Durchsetzung einer Kosten- und Marktführerschaft.

2.4 Boston Consulting Group-Portfolio und Produktlebenszyklus

2.4.1 Position von Fitnessapps im Boston Consulting Group-Portfolio

Aufgrund der Marktwachstumsrate im Segment Fitnessapps von 26,12 % im Jahr 2017 (55,2 Mio. € auf 70 Mio. €) in Deutschland und dem prognostizierten Marktwachstum von 21,43 % auf 85 Mio. € für das Jahr 2018 (Statista, 2017), können die Applications (SGE) im Marktanteils-Marktwachstums-Portfolio der Boston Consulting Group (Weis, 2012, S. 135), je nach relativem Marktanteil bzw. der Marktanteilsentwicklung als „Question Marks" oder als „Stars" elizitiert werden (Kotler, Armstrong, Saunders & Wong, 2007, S. 104-105; Weis, 1999, S. 529-530), was je nach Marktanteilswachstum eine Investitions- oder Desinvestitionsstrategie impliziert. Auf einen größeren Marktanteil an den 6,18 Mio. deutschen Nutzern und weltweit rund 3 Mrd. App-Downloads im Jahr 2017 (Statista, 2017) schaffen es aber nur wenige der weltweit rund 45.000 Produzenten von Gesundheitsapps (Gabel, T., 2016). Ganze 83% der 103.000 im Jahr 2015 in App-Stores publizierten mHealth-Apps haben unter 10.000 User (Gabel, T., 2016).

2.4.2 Produktlebenszyklusanalyse der SGEs von „Freeletics"

Bei uneindeutiger Phasendifferenzierung, aufgrund der Geheimhaltung von Geschäftsberichten in der „Freeletics GmbH", befinden sich die strategischen Geschäftseinheiten (SGE) „Freeletics Bodyweight", „Freeletics Running" und „Freeletics Apparel" aufgrund des großen Marktsegmentwachstums (Statistica, 2017) in der Wachstumsphase des Produktlebenszyklus (Kotler, Armstrong, Saunders & Wong, 2007, S. 700), oberhalb der Gewinnschwelle (Break-even-Point), während sich die SGE „Freeletics Gym" und „Freeletics Nutrition", vermutlich mit quersubventioniertem Marketingaufwand, um „ähnliche oder sogar bessere Entwicklungen" (Sobhani, D., 2016 zitiert nach Scherkamp, H., 2016) beim Marktstart zu erreichen, noch in der Einführungsphase befinden. Bei „Freeletics Bodyweight" musste der Produktinnovationsprozess und die Einführungskosten bis zum Break-even-Point noch selbst finanziert werden. Die Produktvariationen kennzeichnen die Wachstumsphase der „Bodyweight-App" (Weis, 2012, S. 277).

2.5 Fazit zur Entscheidung über eine Fitnessapp-Implementierung für eine Fitnesskette auf Basis der strategischen Analyse

Digital Fitness ist ein hochattraktives, wachstumsstarkes Marktsegment. Die Strategieentscheidung einer App-Implementiertung und die damit verbundene „Make-or-buy-

Entscheidung" sollte aber unter Berücksichtigung vieler Faktoren erfolgen, wie der Unternehmensgröße, der Finanzlage, der Nachhaltigkeit der Partizipation am Onlinegeschäft im prognostizierten Verdrändungswettbewerb (Hollasch, K., 2014 zitiert nach Lange, A., 2014), sowie dem Mehrwert der Application als „Add-on-Service" für Neu- und Bestandskunden und den Optionen zur Überwindung der Markteintrittshemmnisse (Mergers & Acquisitions). Während Fitness First im Jahr 2014 das etablierte Online-Gym „Newmoove" erworben hat (FF, 2017), entwickelt Kieser (2017) eine eigene App.

3 Corporate Identity

3.1 Interview-Analyse

3.1.1 Äußere Anzeichen der Überarbeitung der CI bei Kieser Training

Tab. 7: Sechs äußere Anzeichen der Überarbeitung der Corporate Identity bei Kieser Training

Teilbereich der Corporate Identity (Weis, 2012, S. 581)	Äußeres Anzeichen für Überarbeitung der Corporate Identity
Unternehmenserscheinungsbild (Becker, 2013): Farbwahl:	1. Änderung der Farbwahl im Logo: Blau statt Gelb. Aufgrund der Assiziation der Farbe Gelb auf dem deutschen Markt mit einem bekannten Discounter wurde die Farbe Gelb aus dem Logo genommen und durch die Farbe Blau ersetzt, die lange Tradition bei Kieser hat und in der Vergangenheit schon für ein Maschinenbranding verwendet wurde (Kieser, W., 2014; zitiert nach Panzeri, A., 2014). „Blau ist seriöser und wirkt ruhiger. Gelb ist in der Werbewelt eine sehr aggressive Farbe geworden, die eher für billig und Discount steht" (Kieser Training, 2017).
Unternehmenserscheinungsbild (Becker, 2013): Maschinentypen:	2. Die Forschungs- und Entwicklungsabteilung hat drei neue Maschinentypen für das Training der Sprunggelenke, des Beckenboden und für die Prävention von Inkontinez bei Männern über 50 entwickelt, die künftig auf der Trainingsfläche zu sehen sein werden (Kieser, W., 2014; zitiert nach Panzeri, A., 2014).
Unternehmenserscheinungsbild (Becker, 2013): Außendarstellung der Studios:	3. Die Außendarstellung der Studios soll nach und nach an das neue Corporate Design angepasst werden. Blaue Logos sollen eine ruhigere und edlere Atmosphäre vermitteln. Es wird aber weiterhin keine Musik oder Spiegel zum Training geben (Kieser Training, 2015; zitiert nach Scharl, R., 2014).
Unternehmenskommunikation (Becker, 2013): Werbekanäle:	4. Neben der Kommunikation auf der Website, mit dem Kundenmagazin und einer Printkampagne, werden neuerdings auch in den sozialen Medien Werbemittel platziert (Kieser, W., 2014; zitiert nach Panzeri, A., 2014). Neu ist der Auftritt von Kieser Training auf Facebook, eine Kieser-App soll folgen (Scharl, R., 2014).
Unternehmenskommunikation (Becker, 2013): Werteorientierung:	5. Mit der Marke Kieser wurde bislang stark der Leitspruch „Ein starker Rücken kennt keinen Schmerz" assoziert. Der Fokus der Schmerzbeseitigung erzeugt den Eindruck des Trainings für Alte und Kranke. Stattdessen soll künftig der Eindruck einer starken Haltung auf körperlicher und geistiger Ebene vermittelt werden (Meier, P., 2014; zitiert nach fitness MANAGEMENT international, 2014). Geändert hat sich der Fokus der Kommunikation, von einer Weg-von-Werte basierten zu einer Hin-zu-Werte orientierten Motivation (Kensok & Dyckhoff, 2004, S. 30-50).
Unternehmenskommunikation (Becker, 2013): Neuer Leitsatz:	6. Aus der Quintessenz: „Starker Körper, starke Haltung" hat die Werbeagentur „Kunde & Co" den neuen Leitsatz „Ja zu einem starken Körper" abgeleitet (Kieser Training, 2017).

3.1.2 Anlässe für eine CI-Neuausrichtung bei Kieser Training

Tab. 8: Anlässe für eine Neuausrichtung der Corporate Identity bei Kieser Training

Anlass für CI-Neuausrichtung	Detailanalyse vom Bezug des Anlasses zu Kieser Training
1. Überalterung	Corporate Identity ist das Ergebnis eines ständigen Prozesses und unterliegt somit auch einer kontinuierlichen Entwicklung (Birkigt, Stadler & Funck, 2002, S. 87). Ein Corporate-Identity-Konzept ist niemals für die Ewigkeit geschaffen, sondern muss kontinuierlich und kritisch begleitet werden und erfordert eine ständige Kontrolle und Anpassung an die veränderten Marktbedingungen und die Unternehmensstrategie. Das CI-Controlling fungiert als Frühwarnsystem.
2. Änderung des Informationsstatus durch neue Marktforschungsergebnisse	Die neuen Marktforschungsergebnisse sind als externe Imagestudie bzw. externe Analyse des CI-Status im Rahmen des CI-Managements (Kreutzer, Jugel & Wledmann, 1989, S. 66; Herbst, 2003, S. 96; Kroehl, 2000, S. 146) zu verstehen. Die Identitätsgestaltung bzw. Entwicklung einer CI-Strategie erfolgt ausgehend von den veränderten Ergebnissen und Informationen der Ist-Analyse.
3. Änderung der Zielgruppe	Die Marktforschungsanalyse zeigte, dass Kieser Training bislang hauptsächlich Menschen ab 45-50 Jahren anspricht, daher sollen die Werbemaßnahmen künftig so gestaltet werden, dass auch eine jüngere Zielgruppe ab 30 Jahren angesprochen wird (Scharl, R., 2014). Da die Wirkung einer Corporate Identity zielgruppenspezifisch ist, bedeutet die Ausweitung der Zielgruppe auch einen Anpassungsbedarf für die CI.
4. Marktveränderung mit hoher Marktsättigung und steigendem Verdrängungswettbewerb bei homogener und austauschbarer werdenden Dienstleistungen (Merkle & Kreutzer, 2008, S. 21)	Die Wirkungen einer konsequenten Corporate Identity sind sehr vielfältig und reichen von der Motivation der Mitarbeiter durch Unternehmensidentifikation über die Bildung einer starken Marke bis hin zur Differenzierung vom Wettbewerb (Homburg, 2012, S. 822). Kiesertraining verfolgt eine strenge Differenzierungsstrategie. Die Differenzierung von der trend- und lifestyleorientierten Fitnessbrache wird werbemäßig betont.

3.1.3 Recherche nach Unternehmen und Marken mit einer Neuausrichtung der Corporate Identity in der Vergangenheit

Tab. 9: Recherche nach Unternehmen und Marken mit Neuausrichtung der Corporate Identity

Unternehmen/ Marke	Veränderung der Corporate Identity	Beweggründe für Veränderung der CI
1. Daimer Automobilhersteller	Die Daimler AG änderte im Jahr 2015 ihr Corporate Design und setzt seitdem anstelle des blauen Schriftzuges auf weißen Untergrund allein auf die Leitfarbe Silber. In Anlehnung an die Unternehmenstradition und die Bedeutung der Silberpfeile soll der silberne Schriftzug in Chromhochglanz der Daimler-Wortmarke, vor dem Hintergrund aus silber gebürstetem Aluminium, ein klares visuelles Statement der Daimler AG als modernes High-Tech-Unternehmen sein, das Tradition und Zukunft in ästhetischen Einklang bringt (Wagener, G. Leiter Design Daimler AG, 2015). Bei unverändertem Schriftzug soll die neue Farbwahl die Unternehmensdarstellung konsequent weiterentwickeln und die Dachmarke noch wertiger und innovativer präsentieren (Howe, J., Leiter Global Communications, 2015). Während der Glanz des Daimer-Logos als wertig empfunden werden sollte, wirken die Verläufe und Schatten in Zeiten von Flat Design eher old-fashioned und die dunklere Farbgebung verstärkt den konservativen Habitus. Ein revolutionärer Schritt, wie die Einführung des minimalistischen Mercedes-Sterns 2007, ist das Redesign nicht (Schaffrina, A., 2015).	„Wandlung ist notwendig wie die Erneuerung der Blätter im Frühling" (Daimler, 2017). Das neue Corporate Design soll im Rahmen einer Premiumisierung den Premiumanspruch deutlicher betonen und Nähe zur wichtigsten Automobilmarke der Daimler AG „Mercedes Benz" unterstreichen (Schaffrina, A., 2015). Veröffentlicht wurde das neue Corporate Design zur Hauptversammlung 2014.

Tab. 9: Recherche nach Unternehmen und Marken mit Neuausrichtung der Corporate Identity

Unternehmen / Marke	Veränderung der Corporate Identity	Beweggründe für Veränderung der CI
2. Aventis „Apotheke der Welt"	Mergers & Acquisitions führen im Regelfall zu einer vollständigen Neuorientierung der Kommunikation (bei Mergers of Equals) bzw. einer kommunikativen Neuausrichtung des übernommenen Unternehmens. Die formale Fusion unter Gleichen war tatsächlich eine Übernahme. Als Branding-Modell wurde im Rahmen der Fusion ein neuer Unternehmensname für eine vollständig neue Identität gewählt. Dementsprechend wurden Corporate Mission, Unternehmensname, Logo, Claim, Wording und die gesamte Gestaltung der Medien vollständig neu entwickelt.	Im Jahr 1999 fusionieren die Unternehmen Hoechst und Rhône Poulenc unter Trennung von den Chemiesparten beider Unternehmen zu Aventis, einem der größten Pharmakonzerne weltweit (Sanofi-Aventis, 2017).
3. Sport-Scheck Deutschlands größter Sportfachhändler	SportScheck treibt im Jahr 2017 die Neuausrichtung seiner Corporate Identity, der Marke „SportScheck" und seines Markenauftritts voran (Sportscheck, 2017). Das Erlebnis Sport soll künftig im Mittelpunkt der Differenzierungsstrategie stehen, die Sportleidenschaft soll spürbar werden (Markus, R. CEO Sportscheck, 2017). Multichannel-Vertrieb, eine intensivere, kundenspezifische Ansprache und persönliche Momente sollen die Markenwerte „taktgebend", „engagiert" und „verbindend" künftig kommunizieren (Sportscheck, 2017). Visuell zeichnet sich der neue Markenauftritt durch eine differenzierende Ausgestaltung der Erlebniswelten und produktübergreifende Themenwelten unterhalb der Dachmarke aus. Spezifische Designelemente (Typographie und Farben), eine fokussierte Ansprache, ein zielgruppenorientiertes Markenerlebnis, eine authentische Bildsprache, eine überarbeitete Farbwelt, Icons und Illustrationen sollen dem Auftritt über alle Kanäle hinweg einen modernen Charakter verleihen (Sportscheck, 2017).	Der Hauptbeweggrund für das Rebranding war ein Spezialisierungsbedarf: „Weg vom Multi-Spezialisten hin zum fokussierten, profilierten und vernetzten Sportfachhändler" (Sportscheck, 2017). Anstelle des handelstypischen Sachbezuges sollen „kundenspezifische Erlebniswelten erlebbar werden" (Sportscheck, 2017).
4. Vodafone Mobilfunkdienstleister	Vodafone ersetzt im Jahr 2013 das „zentrale CI-Element" (Gründgens, G., 2013) und überarbeitet damit sein Corporate Design bzw. seine Corporate Identity weltweit (Saal, M., 2013). In Kooperation von Vodafone Deutschland mit der Vodafone Group und The Brand Union wurde ein Rhombus als zentrales Element der Corporate Identity entwickelt, der das Logo des Unternehmens und die Werbebotschaften beherbergt. Das neue Stilelement löst die rote Vodafone-Box und das „Tetris" auf dem Logo ab. Der Rhombus soll Dynamik und Kraft vermitteln und bietet eine starke grafische Fläche, die sich auf allen Kanälen einsetzen lässt (Gründgens, G, 2013). Die neue CI macht Vodafone bei der Gestaltung von Kampagnen wesentlich flexibler (Gründgens, G, 2013)	Anlass zur Veränderung war die Überalterung des Corporate Design. Das Logo (Vodafone-Box) war mehr als 10 Jahre alt und die Gestaltungsform genügte den heutigen medialen Erfordernissen bei mobiler Werbung und Video-Ads nicht mehr (Gründgens, G, 2013).

3.2 Marktstrategien

3.2.1 Marktbearbeitungsstrategie und Wettbewerbsstrategie von Kieser Training

Kieser Training verfolgt eine Premiumpreisstrategie aufbauend auf einer hohen Dienstleistungsqualität und einer nischenorientierten Differenzierungsstrategie. Durch die Ausweitung der Zielgruppe (ab 30 Jahre) können Carry-over- bzw. Spill-over-Effekte auf die ältere Hauptzielgruppe (ab 45-50 Jahre) realisiert werden (Scharl, R., 2014).

3.2.1.1 Segmentspezifische Marktbearbeitungsstrategie von Kieser Training

Im Rahmen der segmentspezifischen Marktbearbeitung muss sich Kieser Training bei der Wahl des Zielmarktes bzw. der Anzahl der Zielmärkte entscheiden. Kriterien für die Zielmarktbestimmung sind die Größe und das Wachstum des Segmentes, die strukturelle Attraktivität des Segmentes sowie die Zielsetzungen und und die Ressourcen des Unternehmens (Kotler & Bliemel, 2006, S. 452-453; zitiert nach Schlaffke & Plünnecke, 2017, S. 45). Hierfür stehen fünf Marktbearbeitungsstrategien zur Auswahl des Zielmarktes zur Verfügung (Kotler & Bliemel, 2006, S. 453; zitiert nach Schlaffke & Plünnecke, 2017, S. 46). Bei Kieser Training wird marketingtechnisch eine selektive Spezialisierung umgesetzt. Die Differenzierung vom lifestyleorientierten Fitnessmarkt, die klare medizinische Ausrichtung, die Konzentration auf die Trainingseffizienz und Rückenproblematik lassen eine eindeutige Spezialisierung erkennen, welche nur eine teilweise Abdeckung des Gesamtmarktes bedeutet. Der Grad der Differenzierung des Angebots, ersichtlich an präventiven und therapeutischen Trainingsangeboten und der Prävention von Altersinkontinenz bei Männern, erlaubt den Rückschluss auf eine segmentspezifische, differenzierte Marketingbearbeitungsstrategie (Freter, 1983, S. 110; Meffert, Burmann & Kirchgeorg, 2015, S. 285; zitiert nach Schlaffke & Plünnecke, 2017, S. 46). Die Pluralität der Spezialisierungen auf mehrere (attraktive) Segmente macht die selektive Spezialisierung von Außen erkennbar.

3.2.1.2 Wettbewerbsstrategie nach dem Five Forces-Modell (Porter, 2000, S. 29)

Basierend auf der Bewertung des Wettbewerbsumfeldes lassen sich nach Porter drei grundsätzliche Strategieansätze ableiten: die Strategie der Kostenführerschaft, die Differenzierungsstrategie und die Nischen- bzw Konzentrationsstrategie (Kotler & Bliemel, 2006, S. 138; zitiert nach Schlaffke & Plünnecke, 2017, S. 47). Kieser Training verfolgt eine spezialisierte Nischenstrategie (ausgerichtet auf kaufkräftige Gesundheitssportler) innerhalb derer eine Differenzierungsstrategie im Rahmen der Nischenorientierung umgesetzt wird (Schlaffke & Plünnecke, 2017, S. 48), wobei die Leistung einzigartig für das Kundensegment gestaltet und darüber ein vergleichsweise höherer Preis erzielt wird (Weis, 2012, S. 153; zitiert nach Schlaffke & Plünnecke, 2017, S. 47). Die Differenzierung bzw. Führungsstellung kann über Qualität, Service, Produktstyling oder Technologie erreicht werden (Kotler & Bliemel, 2006, S. 139; zitiert nach Schlaffke & Plünnecke, 2017, S. 47). Die Entwicklung eigener Trainingsgeräte mit eigenem Produktstyling hat lange Tradition bei Kieser. Schon 1980 wurde Werner Kieser Generalimporteur von Nautilus-Maschinen in Europa (Kieser Training, 2017). Seit 2002 sorgt

Kieser Training mit einer eigenen Forschungs- und Entwicklungsabteilung für eine technologische Differenzierung (Kieser Training, 2017). In der kommunikativen Umsetzung dieser Strategie spricht man auch vom Erzielen einer Unique Selling Proposion (USP). Unter den großen Kettenbetrieben der Fitnessbranche hat Kieser Training die am konsequentesten kommunizierte medizinische Ausrichtung, Effizienzorientierung und Konzentration auf das Wesentliche (Kieser Training, 2017). Durch die zunehmende Marktsättigung, den hohen Reifegrad und die geringen Qualitätsdifferenzen der Leistungen im Premiumsegment wird es immer wichtiger, Marktleistungen hinsichtlich bestimmter, kundenrelevanter Merkmale gegenüber dem Wettbewerber zu positionieren (Arentzen & Winter, 1997, S. 3379; zitiert nach Schlaffke & Plünnecke, 2017, S. 47). Konzentration auf das Wesentliche ist ein bewährter Erfolgsfaktor und die Konzentration auf unnachahmbare Trainingsgeräte verspricht Erfolg, da gute moderne Geräte für 18,3 % der Fitnesskunden das Hauptkaufkriterium sind und von 29,4 % der Kunden erwartet werden (Forschungs-Institut Würtenberger [FIW], 2016, S. 12). Die medizinische Ausrichtung ist ebenfalls fundiert, da die präventive Ausrichtung des Trainingsangebots 40,9 % der Deutschen sehr wichtig und 41,7 % der Deutschen wichtig ist (FIW, 2016, S. 7). Eine Kostenführerschaft bzw. Niedrigpreisstrategie (Weis, 2012, S. 72; zitiert nach Schlaffke & Plünnecke, 2017, S. 47) wäre für Kieser Training aufgrund der hohen Entwicklungskosten nicht denkbar.

3.2.2 Wettbewerbsstrategie nach der Produkt-Markt-Matrix nach Ansoff

3.2.2.1 Marktdurchdringungsstrategie nach Ansoff von Kieser Training

Abgestimmt auf die Marktsegmentierung und den Wettbewerb ist für Dienstleistungen von Kieser Training, nach der Produkt-Markt-Matrix nach Ansoff (modifiziert nach Meffert, Burmann & Kirchgeorg, 2015, S. 254; Weis, 2012, S. 160; zitiert nach Schlaffke & Plünnecke, 2017, S. 48) für bestehende Leistungen, die Basisstrategie der Marktdurchdringung zu wählen. Durch Marktbesetzung bzw. Marktverdrängung wird auf bestehenden Märkten eine Vergrößerung des Marktanteils und eine Ausweitung des Marktvolumens erzielt (Nieschlag, Dichtl & Hörschgen, 2002, S. 900; zitiert nach Schlaffke & Plünnecke, 2017, S. 49). Als Vorgehensweisen bietet sich nach Weis (2012, S. 160; zitiert nach Schlafke & Plünnecke, 2017, S. 49) die Steigerung der Verwendung bei bisherigen Abnehmern (eingeschränkt durch das Kieser Trainingskonzept von 2 mal 30 min pro Woche), die Erschließung neuer Verwendungsmöglichkeiten, die Gewinnung von Kunden der Konkurrenz und die Gewinnung von bisherigen Nicht-Verwendern mit gleichen Merkmalen wie die aktuellen Kunden (umgesetzt durch Ausweitung der Zielgruppe auf Kunden ab 30), die Intensivierung des persönlichen Verkaufs, die Verstärkung der Werbung und der Verkaufsförderung (umgesetzt mit Vermarktungskampagne), die Verbesserung des Kundesdienstes und eine Preissenkung an.

3.2.2.2 Produktentwicklungsstrategie nach Ansoff von Kieser Training

Für die ebenfalls zu vermarktenden neuen Produkte ist die Basisstrategie der Produktentwicklung zu wählen. Durch Produktinnovation und Produktdifferenzierung kann Kieser Training echte Marktneuheiten vermarkten. Wichtig hierbei ist, dass die neuen Produkte als einzigartig, unterschiedlich, anders und käuferspezifisch wahrgenommen werden (Meffert, Burmann & Kirchgeorg, 2015, S. 255; Nieschlag, Dichtl & Hörschgen, 2002, S. 901; Weis, 2012, S. 161; zitiert nach Schlaffke & Plünnecke, 2017, S. 49). Die Beckenbodenmaschine und die Fußmaschine für das untere Sprunggelenkt sind solche Produktinnovationen für den bestehenden Gesundheits- und Präventionsmarkt.

4 Digitalisierung in der Fitness- und Gesundheitsbranche

Im Bundesländervergleich hat Berlin die höhste Kettendichte (30,9 %), den höhsten Anteil an Special-Interest-Anlagen (34 %), die vierthöhste Reaktionsquote (14,3 %) und mit 11,5 Anlagen pro 100.000 Einwohner die vierthöhste Anlagendichte (DSSV, 2016).

4.1 Situationsanalyse, Trends und Differenzierungsmaßnahmen

Tab. 10: Trends und Maßnahmen für Fitnessanbieter zur Umsetzung des Digitalisierungstrends

Digitalisierungstrend	Umgestaltungmaßnahmen
Elektronische Kraftgeräte und Applications	Erste Neuinvestition in einen eGymZirkel im Marktgebiet I (11 Min. um Friedshain-Kreuzberg) mit automatischer Sitzeinstellung, Trainingsdokumentation und –steuerung, Touchdisplay und Datenübertragung an die Fitness- und Trainerapp mit Bezahlfunktion (eGym, 2017).
Wearables	Vertrieb von, sich mit dem eGymZirkel synchronisierenden, Fitness-Trackern (Polar & Fitbit).
Crowdfunding	Umgestaltung der Finanzierung der Neuinvestitionen durch Crowdfunding bzw. –investing.
Personalisierte Preisbildung	Personalisierte Preisbildung anhand des individuellen Nutzerprofils und Status zur Abschöpfung der individuellen Zahlungsbereitschaft (Loth, J. & Recktenwald, R., 2017, S. 100).

4.2 Risikoaspekt der Maßnahmen und Effizienzsteigerungslösungen

Tab. 11: Risikoaspekt der Umgestaltungsmaßnahmen und Lösungsvorschläge zur Effizienzsteigerung

Ausbleibende Amortisation der Neuinvestitionen	Unternehmensanteilsverkauf zur Investitionsrisikoweitergabe
Ausbleibende Investitionstätigkeit bei Crowdfunding	Professionalisierung des Investor Relations Marketing
Kundenverunsicherung durch Transparenzdefizit	Gestaltung einer fairen & transparenten (Hoch-) Preisstruktur
Abschöpfungsprobleme bei geringer Anlagennutzung	Kooperationsstrategie durch Bonus- & Couponingsysteme

5 Literaturverzeichnis

Arentzen, U. & Winter, E. (1997). *Gabler-Wirtschaftslexikon* (14., vollst. überarb. u. erw. Aufl). Wiesbaden: Gabler.

Bea, F. X. & Haas, J. (2013). *Strategisches Management* (6., vollst. überarb. Aufl.). Stuttgart: Lucius & Lucius.

Becker, J. (2013). *Marketing-Konzeption. Grundlagen des zielstrategischen und operativen Marketing-Managements* (10. Aufl.). München: Vahlen.

Birkigt, K., Stadler, M. M. & Funck, H. (2002). *Corporate Identity. Grundlagen, Funktionen, Fallbeispiele* (11., überarb. u. aktualisierte Aufl.). München: Verlag Moderne Industrie.

Buchholz, L. & Gerhards, R. (2009). *Internes Rechnungswesen. Kosten- und Leistungsrechnung, Betriebsstatistik und Planungsrechnung* (BA Kompakt). Berlin: Springer.

Daimler (Hrsg.). (2017). Silber ist Daimler und Daimler ist Silber. Zugriff am 03.12.17. Verfügbar unter https://blog.daimler.com/2015/11/30/silber-ist-daimler-und-daimler-ist-silber-neues-corporate-design/#comment-371760

Deloitte (Hrsg.). (2017). Deutsche Fitnesswirtschaft mit hoher Dynamik. Zugriff am 25.11.17. Verfügbar unter https://www2.deloitte.com/de/de/pages/presse/contents/deutsche-fitnessbranche-mit-hoher-dynamik.html

Drack, K. (2017). Digitalisierung, Chancen, Risiken und Kompetenzen. *fitness MANAGEMENT international 6, 24-26.*

DSSV Arbeitgeberverband der deutscher Fitness- und Gesundheits-Anlagen. (Hrsg.). (2016). *Eckdaten der deutschen Fitnesswirtschaft 2016.* Hamburg: Sportstudio Verlag.

DSSV Arbeitgeberverband der deutscher Fitness- und Gesundheits-Anlagen. (Hrsg.). (2017). *Pressemitteilung - Eckdaten der deutschen Fitnesswirtschaft 2017 – Erstmals mehr als 10 Millionen Mitglieder in Fitness-Studios.* Hamburg: Sportstudio Verlag.

Dunker, M. (2006). *Marketing* (Das Kompendium, 2. Aufl.). Rinteln: Merkur.

Edelhelfer. (Hrsg.). (2015). *Edelhelfer-Studie. Führende Betreiber – Fitness in Deutschland.* Zugriff am 18.11.17. Verfügbar unter: https://www.edelhelfer.eu/expertise/publikationen/2016/edelhelfer-fuehrende-betreiber-fitness-in-deutschland-31-dezember-2015/

eGym GmbH. (Hrsg.). (2017). eGym Zirkel – Intelligent Trainieren dank modernster Technologie. Zugriff am 30.12.17. Verfügbar unter https://www.egym.com/zirkel

Fandel, G., Fey, A., Heuft, B. & Pitz, T. (2004). *Kostenrechnung* (Springer-Lehrbuch, 2., aktual. u. erw. Aufl.). Berlin: Springer.

FitnessFirst Germany GmbH. (Hrsg.). (2014). Wachstumsmarkt Firmenfitness: Stärkster Anbieter ist Fitness First – Rund 1.800 Unternehmen und 85.000 Firmenmitglieder setzen auf das ganzheitliche Konzept des Gesundheitsdienstleisters. Zugriff am: 19.11.17. Verfügbar unter https://www.presseportal.de/pm/78098/2786130

FitnessFirst Germany GmbH. (Hrsg.). (2017). Unser Anspruch: Fitness. Zugriff am 25.11.17. Verfügbar unter https://www.wirtschaftsforum.de/fitness-first-germany-gmbh/portrait/

fitness MANAGEMENT international (Hrsg.). (2014). Kieser Training - Imageanpassung. *fitness MANAGEMENT international 2 (14), 86-89.*

FIW Forschungs-Institut Würtenberger. (Hrsg.). (2016). *M-A-R-S 2015/2016 – Markt-Aktivitäten-Reichweiten-Studie.* Ettlingen: bodyLIFE.

Freter, H. (1983). *Marktsegmentierung. Kundenorientierte Markterfassung und –bearbeitung* (1. Aufl.). Stuttgart: Kohlhammer Edition Marketing.

Gabel, T. (2016). Studie zu mHealth-Anwendungen - Markt für Gesundheits-Apps wächst. Zugriff am 26.12.17. Verfügbar unter https://www.medizintechnologie.de/aktuelles/nachrichten/2016-1/mehr-als-100000-mhealth-anwendungen-in-2015/

Greive, M. (2010). Wie McFit die Fitnessbranche vor sich hertreibt. Zugriff am 25.11.17. Verfügbar unter https://www.welt.de/wirtschaft/article7437148/Wie-McFit-die-Fitnessbranche-vor-sich-hertreibt.html

Hackfort, G. (2015). Digital Fitness – Wachstumsperspektiven für die Fitnessbranche. Zugriff am 23.12.17. Verfügbar unter https://www.unibw.de/hum/dfs/studie-dfa1.pdf

Herbst, D. (2003). *Corporate Identity. Aufbau einer einzigartigen Unternehmensidetität. Leitbild und Unternehmenskultur. Image messen, gestalten und überprüfen.* (Das professionelle 1 x 1, 2., völlig überarb. Aufl.). Berlin: Cornelsen.

Homburg, C. (2012). *Marketingmanagement. Strategie – Instrumente – Umsetzung – Unternehmensführung* (O+ Online Plus, 4., überarb. u. erw. Aufl.). Wiesbaden: Springer Gabler.

Inventool. (2014). *SWOT-Analyse.* Zugriff am 14.07.2015. Verfügbar unter http://www.inventool.de/Tools/407%20SWOT-Analyse%20T.pdf

Jung, M. (2015). Für normale Menschen kaum zu schaffen. Zugriff am 17.12.17. Verfügbar unter http://www.manager-magazin.de/lifestyle/fitness/fit-ohne-geraete-was-experten-ueber-freeletics-sagen-a-1039188.html

Kensok, P. & Dyckhoff, K. (2004). *Der Werte Manager.* Paderborn: Junfermann.

Kieser Training. (Hrsg.). (2017). Ja zu einem starken Körper. Zugriff am 26.11.17. Verfügbar unter http://www.kieser-training.de/unternehmen/presse/pressemitteilungen/folder/imagewechsel

Kieser Training. (Hrsg.). (2017). Kieser Training Forschung & Entwicklung. Zugriff am 02.12.17. Verfügbar unter http://www.kieser-training.de/unternehmen/forschung-und-entwicklung

Kieser Training. (Hrsg.). (2017). Seit 50 Jahren eine Frage des richtigen Widerstandes. Zugriff am 02.12.17. Verfügbar unter http://www.kieser-training.de/unternehmen/ueber-kieser-training/geschichte

Kotler, P., Armstrong, G., Saunders, J. & Wong, V. (2007). *Grundlagen des Marketing* (4., aktualisierte Aufl.). München: Pearson.

Kotler, P., Armstrong, G., Saunders, J. & Wong, V. (2011). *Grundlagen des Marketing* (5., aktualisierte Aufl.). München: Pearson.

Kotler, P. & Bliemel, F. (2006). *Marketing-Management. Analyse, Planung und Verwirklichung* (10., überarb. u. aktualisierte Aufl.). München: Pearson.

Kralicek, P., Böhmdorfer, F. & Kralicek, G. (2008). *Kennzahlen für Geschäftsführer. Bilanzanalyse und Jahresabschlussszenarien, Controlling und Cash-Management, Investitionsentscheidungen und Unternehmensbewertung* (5., vollst. aktualisierte und erweiterte Aufl.). München: FinanzBuch.

Kreutzer, R., Jugel, S. & Wiedmann, K.-P. (1989). *Unternehmensphilosophie und Corporate Identity. Empirische Bestandsaufnahme und Leitfaden zur Implementierung eine Corporate Identity-Strategie* (Arbeitspapiere / Institut für Marketing, Univerität Mannheim, Bd. 40, 2. Aufl.). Mannheim.

Krisch, J. (2016). Freeletics wächst auf 16 Mio. € (+300%) und setzt auf weitere Services. Zugriff am 23.12.17. Verfügbar unter https://excitingcommerce.de/2016/06/26/freeletics-wachst-auf-16-mio-e-300-und-setzt-auf-ernahrung/

Kroehl, H. (2000). *Corporate Identity als Erfolgsfaktor im 21. Jahrhundert.* München: Vahlen.

Lange, A. (2014). Fit mit Internet: Das Geschäft der Online-Fitness-Anbieter. Zugriff am 17.12.17. Verfügbar unter https://www.heise.de/newsticker/meldung/Fit-mit-Internet-Das-Geschaeft-der-Online-Fitness-Anbieter-2302972.html

Loth, J. & Recktenwald, R. (2017). Chancen in der Preisgestaltung: Dynamisch und personalisiert. *fitness MANAGEMENT international 6, 100-101.*

Mankiw, N. G. (2004). *Grundzüge der Volkswirtschaftslehre* (3., überarb. Aufl.). Stuttgart: Schäffer-Poeschel.

Meffert, H., Burmann, C. & Kirchgeorg, M. (2000). *Marketing. Grundlagen marktorientierter Unternehmensführung. Konzepte – Instrumente – Praxisbeispiele* (Meffert-Marketing-Edition, 9. Aufl.). Wiesbaden: Springer Gabler.

Meffert, H., Burmann, C. & Kirchgeorg, M. (2015). *Marketing. Grundlagen marktorientierter Unternehmensführung. Konzepte – Instrumente – Praxisbeispiele* (12., überarb. u. aktualisierte Aufl.). Wiesbaden: Springer Gabler.

Merkle, W. & Kreutzer, R. T. (2008). Emotionen, Leidenschaft und Begeisterung. Ein (noch immer) unterschätzter Erfolgsfaktor im Marketing. In R. T. Kreutzer & W. Merkle (Hrsg.), *Die neue Macht des Marketing. Wie Sie ihr Unternehmen mit Emotionen, Innovation und Präzision profilieren* (S. 21-48). Wiesbaden: Gabler.

MobiHealthNews (Hrsg.). (2016). Forty-five 2016 digital health mergers and acquisitions. Zugriff am 24.12.17. Verfügbar unter http://www.mobihealthnews.com/content/forty-five-2016-digital-health-mergers-and-acquisitions

Nerdinger, F., Blickle, G. & Schaper, N. (2011). *Arbeits- und Organisationspsychologie* (2. Aufl.). Berlin: Springer.

Nieschlag, R., Dichtl, E. & Hörschgen, H. (2002). *Marketing* (19., überarb. u. ergänzte Aufl.). Berlin: Dunker & Humbolt.

Online Fitness (Hrsg.). (2017). Online Fitnessstudios im Vergleich – Online Fitness. Zugriff am 17.12.17. Verfügbar unter https://online-fitnessstudios.com

Panzeri, A. (2014). Mit Köpfchen. *Werbewoche, 2 (5)*, 8-9.

Paschke, D. (2004). *Grundlagen der Volkswirtschaftslehre* (4., überarb. Aufl.). Heidenau: PD-Verlag.

Pepels, W. (2005). *Servicemanagement*. Rinteln: Merkur.

Pindyck, R. S. & Rubinfeld, D. L. (2005) *Mikroökonomie* (6. Aufl.). München: Pearson.

Porter, M. E. (2000). *Wettbewerbsvorteile. Spitzenleistungen erreichen und behaupten* (6. Aufl.). Frankfurt: Campus.

Preißler, P. R. (2008). *Betriebswirtschaftliche Kennzahlen. Formeln, Aussagekraft, Sollwerte, Ermittlungsintervalle*. München: Oldenbourg.

Prioridata (Hrsg.). (2017). Freeletics Bodyweight – Performance Stats – Quick Stats – November 2017. Zugriff am 23.12.2017. Verfügbar unter https://prioridata.com/apps/freeletics-bodyweight-com.freeletics.lite/performance

Saal, M. (2013). Warum Vodafone seine Corporate Identity überarbeitet - Gregor Gründgens im Interview. Zugriff am 03.12.17. Verfügbar unter http://www.horizont.net/marketing/nachrichten/Warum-Vodafone-seine-Corporate-Identity-ueberarbeitet-Gregor-Gruendgens-im-Interview-116491

Sanofi (Hrsg.). (2017). Unternehmensgeschichte Hoechst. Zugriff am 03.12.17. Verfügbar unter http://www.sanofi.de/l/de/de/layout.jsp?cnt=87357ABE-9364-4D45-BA72-C9F808CD5FE2

Schaffrinna, A. (2015). Neues Corporate Design für Daimler AG. Zugriff am 03.12.17. Verfügbar unter https://www.designtagebuch.de/neues-corporate-design-fuer-daimler-ag/

Scharl, R. (2014). Kieser Training zeigt sich mit neuer Corporate Identity. Zugriff am 26.11.17. Verfügbar unter https://www.wuv.de/marketing/kieser_training_zeigt_sich_mit_neuer_corporate_identity

Scherkamp, H. (2016). Fitness-Startup – 9 Dinge, die sich bei Freeletics verändern. Zugriff am 17.12.17. Verfügbar unter https://www.gruenderszene.de/allgemein/freeletics-umsatz-app-daniel-sobhani

Schlaffke, W. & Plünnecke, A. (2015). *Studienbrief – Betriebswirtschaftlehre I.* Saarbrücken: Deutsche Hochschule für Prävention und Gesundheitsmanagement.

Schlaffke, W. & Plünnecke, A. (2017). *Studienbrief - Marketing II.* Saarbrücken: Deutsche Hochschule für Prävention und Gesundheitsmanagement.

Schramm, P. (2016). Online Fitness - Digitale Revolution in der Fitness Branche. Zugriff am 17.12.17. Verfügbar unter http://blog.ska-network.com/digitale-transformation/online-fitness-die-digitale-revolution-in-der-fitness-branche/

Schuster, T. & Rüdt von Collenberg, L. (2015). *Finanzierung: Finanzberichte, -kennzahlen, -planung* (Studienwissen kompakt, 1. Aufl.). Wiesbaden: Springer Gabler.

Seyffert, R. (1972). *Wirtschaftslehre des Handels* (5., neubearb. Aufl.). Opladen: Westdeutscher.

SportScheck (Hrsg.). (2017). Pressemitteilung – SportScheck treibt Neuausrichtung der Marke voran. Zugriff am 03.12.17. Verfügbar unter http://www.ci-portal.de/sportscheck-treibt-neuausrichtung-der-marke-voran/

Statista (Hrsg.). (2017). Digital Markets – Fitness – In-Scope – Nutzer im Segment Fitness. Zugriff am 26.12.17. Verfügbar unter https://de.statista.com/outlook/313/137/fitness/deutschland#market-users

Statista (Hrsg.). (2017). Digital Markets – Fitness – In-Scope – Umsatz im Segment Fitness. Zugriff am 26.12.17. Verfügbar unter https://de.statista.com/outlook/313/137/fitness/deutschland#

Statista (Hrsg.). (2017). Ranking der erfolgreichsten Gesundheits- und Fitness-Apps im Google Play Store nach Umsatz in Deutschland im November 2017 (in 1.000 US-Dollar. Zugriff am 23.12.17. Verfügbar unter https://de.statista.com/statistik/daten/studie/689223/umfrage/gesundheits-und-fitness-apps-im-google-play-store-nach-umsatz-in-deutschland/

Weis, H. C. (1999). *Marketing* (11., überarb. und aktualisierte Aufl.). Ludwigshafen (Rhein). Kiehl.

Weis, H. C. (2012). *Marketing.* (Kompendium der praktischen Betriebswirtschaft, 16., verbesserte und aktualisierte Aufl.). Herne: NWB Verlag.

6 Abbildungs- und Tabellenverzeichnis

6.1 Abbildungsverzeichnis

Abb. 1:   Preisstruktur einer 12-monatigen Standardmitgliedschaft auf dem gesamtdeutschen Fitnessmarkt (modifiziert nach DSSV, 2016, S. 38)

6.2 Tabellenverzeichnis

Tab. 1:   Bestimmung des Handlungskostenzuschlages (HKZ in %) bzw. Gemeinkostenzuschlages (in Anlehnung an Nieschlag, Dichtl & Hörschgen, 2002, S. 815-817)

Tab. 2:   Summarisches Zuschlagskalkulationsschema der Handelskalkulation (Divisionskalkulation) auf Vollkostenbasis (Vorwärtskalkulation) (in Anlehnung an Nieschlag, Dichtl & Hörschgen, 2002, S. 816)

Tab. 3:   Branchenstruktur- bzw. Situationsanalyse der fünf Wettbewerbskräfte (Bea & Haas, 2013, S. 99) mit Einfluss auf Freeletics nach dem Five Forces-Modell nach Porter (2000, S. 29)

Tab. 4:   Ressourcenanalyse für Freeletics anhand von erfolgsentscheidenden Schlüsselfaktoren

Tab. 5:   Analyse der Unternehmensumwelt (Chancen und Risiken) für Freeletics

Tab. 6:   SWOT-Matrix mit Strategiekombinationen für die Freeletics GmbH (modifiziert nach Meffert, Burmann & Kirchgeorg, 2000, S. 68)

Tab. 7:   Sechs äußere Anzeichen der Überarbeitung der Corporate Identity bei Kieser Training

Tab. 8:   Anlässe für eine Neuausrichtung der Corporate Identity bei Kieser Training

Tab. 9:   Recherche nach Unternehmen und Marken mit Neuausrichtung der Corporate Identity

Tab. 10:   Trends und Maßnahmen für Fitnessanbieter zur Umsetzung des Digitalisierungstrends

Tab. 11:   Risikoaspekt der Umgestaltungsmaßnahmen und Lösungsvorschläge zur Effizienzsteigerung